Naturpark Nagelfluhkette

Siplingerkopf

Buralpkopf

Hochgrat

Drei Fototouren im Allgäu

Johann Schubert (primapage)

FSC
www.fsc.org
MIX
Papier aus ver-
antwortungsvollen
Quellen
Paper from
responsible sources
FSC® C105338

Impressum

Bibliografische Information der Deutschen Nationalbibliothek: Die Deutsche Nationalbibliothek verzeichnet diese Publikation in der Deutschen Nationalbibliografie; detaillierte bibliografische Daten sind im Internet über dnb.dnb.de abrufbar.

Johann Schubert
Am Ostrachdamm 11
87527 Sonthofen

Website: primapage.de
E Mail: schubsinf@gmail.com
Telefon: 08321 78 087 43

Text, Fotos, Layout: Johann Schubert
Alle Rechte liegen beim Autor © 2020
Schubert, Johann

Herstellung und Verlag:
BoD – Books on Demand, Norderstedt
ISBN: 9 783 752 628 753

Bilder auf dem Einband: Naturpark Nagelfluhkette

Vorderseite

Blick über die Brunnenauscharte zum Hochgrat.

Rückseite

Blick auf die Siplinger Nadeln vom Weg zum Siplingerkopf.

Naturpark Nagelfluhkette

Siplingerkopf
Buralpkopf
Hochgrat

Johann Schubert (primapage)

Seite	Tour	Inhaltsverzeichnis
4	1	Siplingerkopf
14	2	Gündleskopf - Buralpkopf
24	3	Hochgrat - Rindalphorn
37		Bildband "von Oberstdorf und Sonthofen bis Bad Hindelang", Liste 48 Touren

Vorwort

Aus dem Bildband "Wandern von Oberstdorf und Sonthofen bis Bad Hindelang - 48 Touren im Allgäu" werdendrei Touren des Naturparks Nagelfluhkette als Fototouren vorgestellt.

Anstelle weniger Bilder und kurzen Beschreibungen im Bildband werden die Strecken detailliert mit etwa hundert Fotografien erklärt.

Die Bilder zeigen vor den Ausflügen lohnenswerte Orte zum Innehalten und Fotografieren. Nach dem Wandererlebnis wird der Band beim Betrachten angenehme Erinnerungen wachrufen. Das gilt auch für Naturfreunde, die keine Bilder der Touren besitzen.

Die Übersichtskarten und Informationen über Beginn, Tourenstrecke, Dauer, Länge, Höhendifferenz und Leistungsbedarf der Wanderungen helfen beim Planen und Vergleichen der Touren.

Am Ende des Bandes hilft die Liste des Bildbandes aus 48 Touren im Allgäu weitere schöne Wanderungen zu finden. Nach dem Leistungsbedarf sortiert erleichtert die Auswahl.

Die drei Touren liegen im Naturpark Nagelfluhkette. Der Naturpark ist etwa 405 km² groß. Acht Gemeinden des Bregenzerwaldes in Vorarlberg und sieben Allgäuer Gemeinden in Bayern liegen in diesem Schutzgebiet.

Naturpark
Nagelfluhkette

Siplingerkopf

Fototour im Allgäu

primapage   Tour 1 - A2 - 5

1 Siplingerkopf

Der Siplingerkopf vom Aubachtal aus besucht, schenkt mit Almen, Bergwald und Siplinger Nadeln eine abwechslungsvolle Tour mit schönen Ausblicken.

Nach der Anfahrt von Blaichach über Gunzesried führt ab Gunzesried Säge die Mautstraße ins Aubachtal zum Parkplatz an der Hintere Au-Alpe.

Alternativ kann der Siplinger Kopf auch von Oberstdorf aus ab Balderschwang erwandert werden.

Die Tour hinauf zum Siplinger Kopf auf 1.746 Meter Höhe und zurück dauert bei acht Kilometern Länge und 700 Höhenmetern vier Stunden (ohne Pausen).

Die aussichtsreiche Runde - vorbei an den Siplinger Nadeln - führt durch den Bergwald, über Almen und auf Kammpfaden.

Der Rundumblick am Gipfel beginnt östlich beim Grünten über den Hochvogel und weitere markante Berge des Allgäus bis westlich zum Säntis in der Schweiz.

Der Abstieg über die Hirschgundalpe beendet die Runde. Die gut angelegten Wege und Pfade sind auch für Familien mit Kindern geeignet.

Bild oben: Vom Parkplatz Hintere Au-Alpe im Aubachtal auf 1.050 Metern Höhe beginnt die Tour auf dem Almsträßchen in Richtung Au-Alpe.

Aubachtal - Siplinger Nadeln

Im Hintergrund sind Gündleskopf und Buralpkopf zu sehen. Zum 1.746 Meter hohen Siplingerkopf zeigt der Wegweiser am Parkplatz Richtung Süden.

Bild links: Bald erfreut am Waldrand der Rückblick.

Bilder unten: Schön angelegt führt der Waldweg vorbei an Felsen.

Bild rechts: Auf einer Waldlichtung wird der Blick frei auf die Siplinger Nadeln.

Bild unten: Der Weg Im Vordergrund führt zur Untere Siplinger Alpe. Deshalb zweigt hier die Route am großen Nadelbaum zum Aufstieg den Hang empor.

Ein kleiner Hügel lädt zur Rast ein mit Blick auf Rindalphorn und Gündleskopf. Zur besseren Sicht sind die Rindhornalpe und der Aufstiegsweg bis zum Gündlessattel im Bild markiert.

Das Bild zeigt den Blick nach Südosten mit Gündleskopf, Buralpkopf, Sedererstuiben und Stuiben weitere Berge der Nagelfluhkette.

Der kleine Hügel im Vordergrund ist der vorgenannte Rastplatz für schöne Aussichten und zum Fotografieren.

Wenig später bestätigt die rote Markierung auf dem richtigen Weg zum Siplingerkopf zu sein.

Bilder unten: Hang aufwärts sind die Siplinger Nadeln zu sehen. Beim Blick zurück zeigt sich hinter der Untere Siplinger Alpe das Rindalphorn.

Großes Bild unten: Bald geht es an der Obere Siplinger Alpe vorbei mit Blick auf den Heidenkopf.

Siplinger Nadeln - Siplingerkopf

Bild links: Beim Rückblick auf die Alpe zeigt sich der Rindalpkopf.

Bild rechts: Linker Hand locken zwischen den Bäumen die Siplinger Nadeln. An dieser Felsformation windet sich der Bergpfad rechts den Hang hinauf.

Bild unten: Der Blick wird frei auf Sedererstuiben und Stuiben.

An der Felsnadel vorbei wird der Bergkamm erreicht. Die Bilder oben zeigen das Nagelfluh-Gestein des Felsens. Dahinter blicken der Hochgrat und das Rindalphorn herüber.

Bild links: Nach Osten reicht die Fernsicht bis zum Grünten ins Illertal und zu den Hindelanger Bergen.

Unten links: Vorn wartet der Siplingerkopf.

Rechts: Der Vordergrund zeigt die vielen Holzbohlen-Stufen zum Gipfel.

Bild oben: Vom Bergsteig reicht der Blick westlich zur Schweizer Säntis. (Die Teleaufnahme zeigt die doppelte Größe der normalen Sicht).

Bild rechts: Noch wenige Schritte und das Gipfelkreuz auf dem 1.746 Meter hohen Siplinger Kopf ist erreicht.

Bild unten: Im Osten ragt dominant der Hochvogel empor.

Ausblicke vom Siplingerkopf

Der Siplinger Kopf erfreut den Besucher mit seinem schönen Panorama.

Bild oben zeigt im Norden die Berge der Nagelfluhkette: Hochgrat, Gleichenwangerhorn und Rindalphorn.

Bild rechts: Beim Blick nach Süden in die Allgäuer Berge grüßt vorne rechts das Riedberger Horn.

Im Südwesten reicht der Blick vom Großer Widderstein bis zum Säntis.

Bild links: Der Blick nach Nordosten ins Alpenvorland und Illertal zur Nagelfluhkette mit Gündleskopf, Buralpkopf und Stuiben.

Bilder: Rückblick beim Abstieg auf den Gipfel und das Rindalphorn. In Richtung Balderschwang zeigt sich im Tal der Ort.

Bild rechts: Schöne Aussichten auf das Riedberger Horn, den Kratzer und der Mädelegabel begleiten den Wanderer.

Bild unten: Von der abseits über den Weg stehenden Bank ist links an der Straße die Obere Wilhelminen Alpe auf 1.515 Metern Höhe zu sehen.

Später, am Abzweig zu dieser Alpe, geht es über die Hirschgund-Alpe nach Norden ins Aubachtal.

Bilder unten: Rückblicke zum Siplingerkopf. Vorsicht: An der verfallenen Hütte auf etwa 1.400 Metern Höhe führt der Pfad links an der Hütte weiter (Pfad ist in Bildmitte zu erahnen).

Ab der Hirschgund Alpe wird auf der bequem zu wandernden Almstraße in einer halben Stunde der Parkplatz im Aubachtal (im Bild unten) erreicht.

Tourendaten und -Karte

Strecke 8 km, Höhe auf/ab 700 m,
Gehzeit 4 Stunden, Leistung 30.

Naturpark Nagelfluhkette
Gündles- und Buralpkopf

Fototour im Allgäu

primapage
Tour 2 - A2-8

2 Gündels- und Buralpkopf

Mit den Gipfeln Gündleskopf 1.748 Meter und Buralpkopf 1.772 Meter lockt die Tour mit schönen Ausblicken in die Allgäuer Bergwelt.

Von Blaichach über Gunzesried führt ab Gunzesried Säge die Mautstraße ins Aubachtal zum Parkplatz an der Hintere Au-Alpe.

Vom Parkplatz über die Straße beginnt der Aufstieg vorbei an der Hintere Aualpe und Vordere Rind-Alpe zur Gündlesscharte. Dann führt der Bergsteig rechter Hand über den Gündleskopf zum Buralpkopf.

Der Abstieg über die Sattler-Alpe endet an der Vorsäßalpe 3.

Hier wandert es sich zwei Kilometer bequem auf der Mautstraße zum Parkplatz.

Die Wege sind kaum markiert. Dafür entschädigen die prächtigen Aussichten unter anderem zum Siplingerkopf, Hochgrat, Rindalphorn und Stuiben.

Tourendaten

11 km Streckenlänge,
900 Meter Höhendifferenz,
6 Stunden Gehzeit,
= Leistung 41

Aufstieg zur Vordere Rind-Alpe

Vom Parkplatz die Straße querend, vorbei an der Hintere Aualpe, startet die Tour zur Rind-Alpe mit Blick auf Bergwald und Almen.

Durch Wiesen voller gelber Enziane geht es auf der Almstraße bequem aufwärts.

Eindrucksvoll steht aufrecht ein schlanker, hoher Baum an der Straße zur Alpe.

Vor einer mit Wald bewachsenen Felswand windet sich die Almstraße rechts das Tal hoch.

Bild links: Rückblick auf den Aufstiegsweg, rechts: Blick auf Heidenkopf und Girenkopf.

Bald zeigt sich die 1.474 Meter hoch gelegene, private Vordere Rindalpe. Dahinter ragt das Rindalphorn 1.820 Meter hoch empor.

Hier geht es rechts vor bei an der Alpe (siehe kleine Bilder Blick zur Gündlesscharte und Eingang) über die Viehweide den Hang hoch.

Über die Gündlesscharte zum Gündleskopf

Der Blick auf das nahe Rindalphorn ist ständiger Begleiter des Aufstiegs.

Am Bild rechts zu erkennen ist vorn der angenehm aufsteigende Wiesenweg. Und hoch zum Sattel ist der Pfad zum Rindalphorn zu sehen.

An der Gündlesscharte lockt eine schattige Almwiese zur Rast und dem Ausblick nach Süden ein (Bild unten links).

Auf der 1.555 Meter hohen Gündlesscharte schweift der Blick nach Osten über den Bergpfad zum 1.748 Meter hohen Gündleskopf (Bild oben rechts).

Unterwegs lohnen sich Rückblicke auf das Rindalphorn und nach Norden ins Alpenvor land (Bild links).

Jetzt zeigen die Felsen ihr Nagelfluh-Gestein. Über die Gündles-Alpe, 1.504 Meter hoch gelegen, reicht der Blick nach Osten bis zum Illertal (Bilder oben).

Westlich grüßen hinter dem markanten Rindalphorn am Horizont die Berge der Schweiz und der Bodensee. Auf den Wiesen blühen die Alpenblumen (Bilder unten).

Vom Gündleskopf zum Buralpkopf

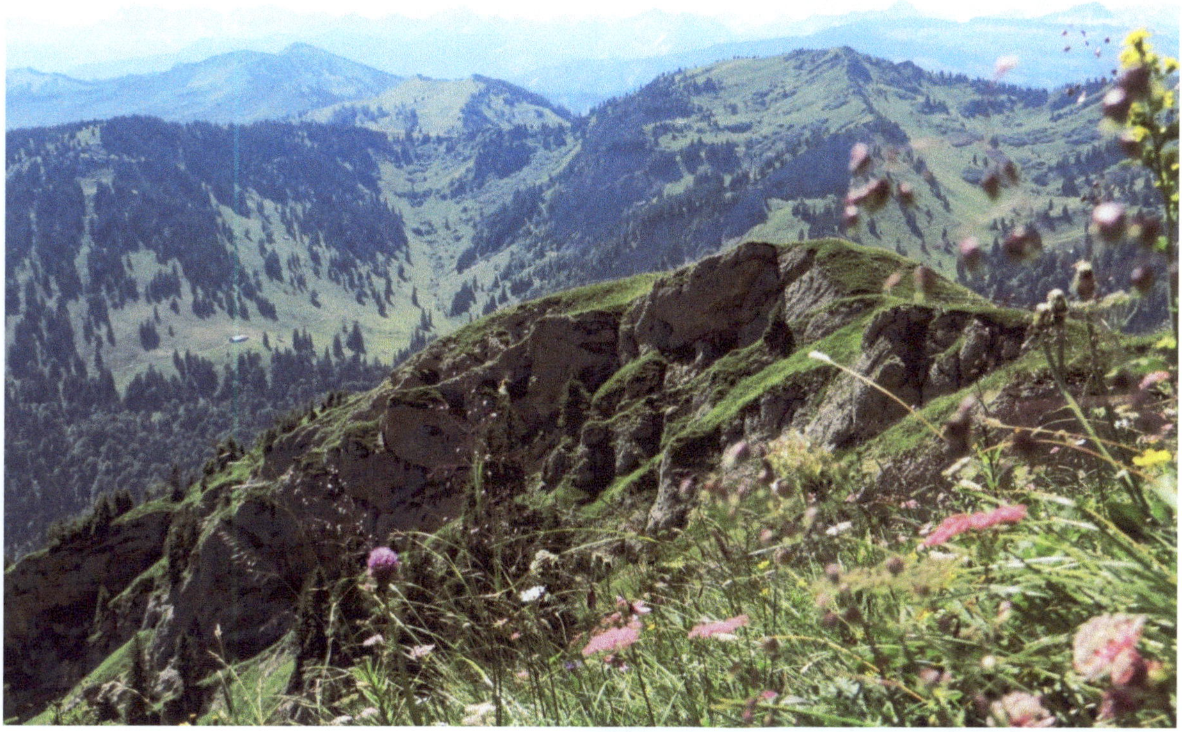

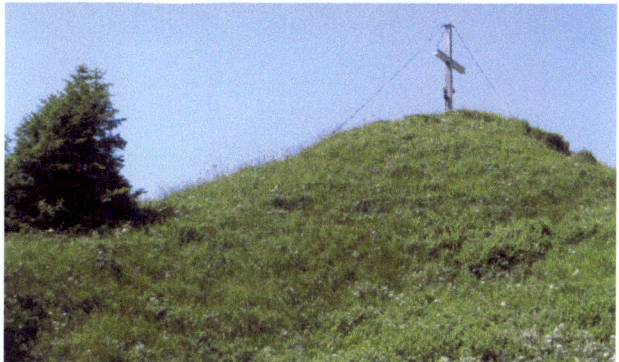

Oben: Aussicht nach Süden reicht bis zu den Bergen Tirols und Vorarlbergs.

Rechts: Unterhalb des Gipfelkreuzes lädt die Wiese ein zur aussichtsreichen Rast.

Unten: Im Osten grüßt der Buralpkopf. Der Weg vom Gündleskopf führt gut erkennbar über den Bergkamm zum Buralpkopf. Im Hintergrund winken die Hindelanger Berge.

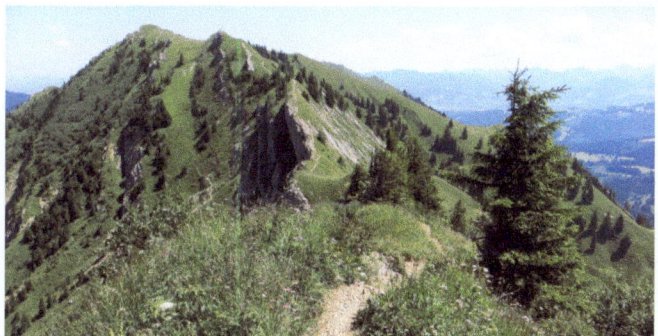

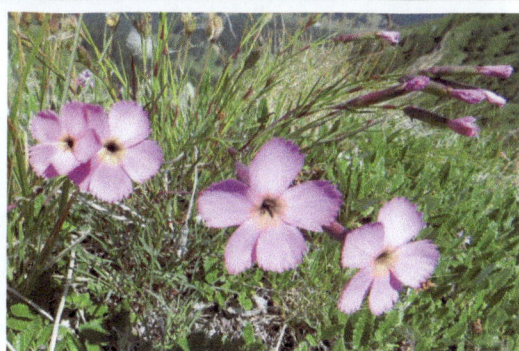

Bilder oben: Rückblicke vom Kammweg auf den Gündleskopf und Rindalphorn nach Westen.

Bild links: Der höchste Punkt des Burapkopfes ist nur ein kleiner Wiesenbuckel.

Das Bild unten wurde zehn Minuten vorher aufgenommen. Mit der Alpenflora und Gliederung der Landschaft ist das Bild ausdrucksvoller.

Abstieg über die Sattler-Alpe

Beim Abstieg zeigt der Rückblick deutlich den flachen Gipfelaufbau des Buralpkopfes.

Östlich ragt der Stuiben und Sedererstuiben über die Alpe Gund auf.

Alpenrosen blühen am Steilhang. Nach der Rückschau zum Buralp kopf fordern einige Meter Kraxelei Aufmerksamkeit.

Entlang der "Obere Sedererwände" setzt sich der Abstieg zum Gatterstuiben fort mit Fernblicken in die All gäuer Alpen.

Das Bild der nächsten Seite zeigt den Sattel Gatterstuiben und den Sedererstuiben.

Hier geht es den Hang abwärts ohne Markie- rung zur Sattler-Alpe.

Markierungslos weist das Bachbett am rechten Ufer abwärts folgend den Weg ins Tal. Nahe der privaten Alpe-Gatter endet das kurze Abenteuer an der Almstraße.

Hier lohnt Rasten mit Fernblicken links der Straße unter hohen Nadelbäumen (Bild rechts oben). Auf den Bildern ist der Siplingerkopf zu sehen.

Bild rechts zeigt die Rotspitz, den Großer Daumen und rechts das Nebelhorn.

Unter dem Tennenmooskopf (1.648 m) und Siplingerkopf (1.748 m) ist der Parkplatz Hintere Aualpe zu erkennen.

Drei alte, wohlgeformte Bäume bringen Abwechslung und eine kurze Rast im Schatten.

Nach dem Abstieg über den kaum markierten Almweg wird nahe der Vordere Wieslealpe die Almstraße der Gündlesalpe erreicht. Hier geht es bequem auf der letzten Etappe hinab zum Vorsäß 3. Nach 40 Minuten auf der Mautstraße wird der Parkplatz erreicht.

Hier zeigt das Bild im Hintergrund der Straße den Siplinger Kopf und die Siplinger Nadeln.

Wanderstrecke Buralpkopf vom Aubachtachtal

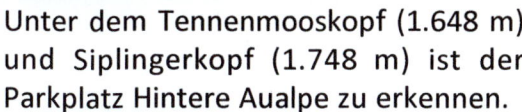

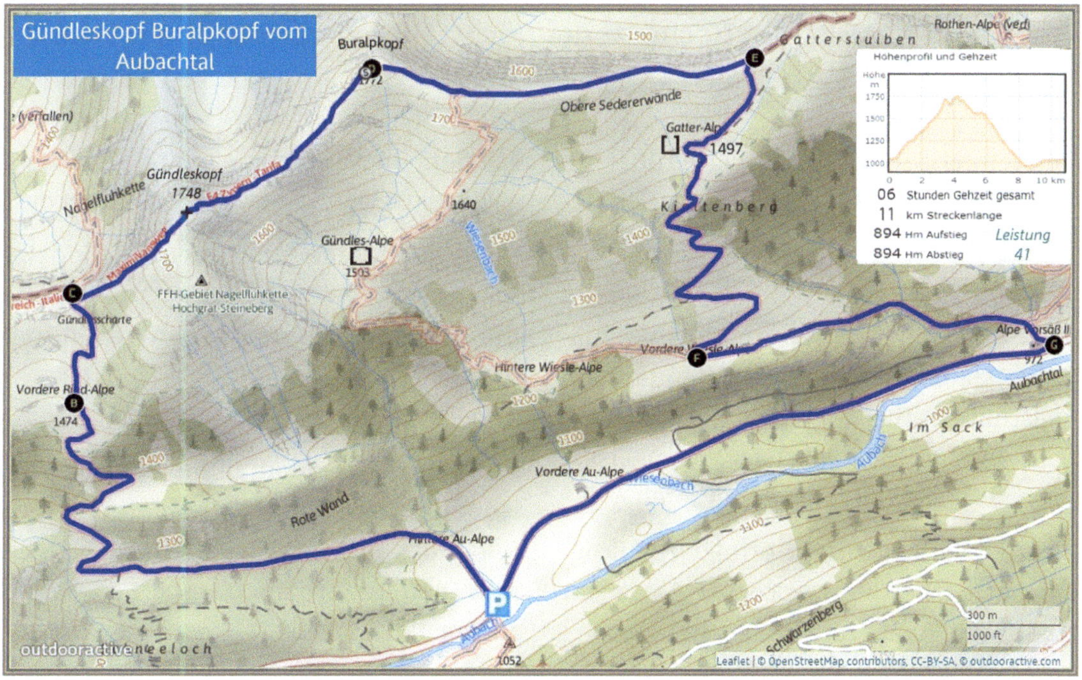

Naturpark Nagelfluhkette Hochgrat und Rindalphorn

Fototour im Allgäu

primapage
Tour 3 - A2 6

3 Hochgrat und Rindalphorn

1.833 Meter hoch ist der Hochgrat der höchste Berg der Nagelfluhkette. Er ist von der 1.317 Meter hoch gelegenen Scheidwangalpe leicht erreichbar.

Von Blaichach über Gunzesried führt ab Gunzesried Säge die Mautstraße zur Scheidwangalpe.

Von der Alpe sind es nur 500 Höhenmeter auf den höchsten Gipfel im Naturpark Nagelfluhkette. Die kleine Runde beginnt bequem auf der Almstraße vorbei am Leiterberg zur Obere Gelchenwangalpe. Dann führt der gut angelegte Panoramaweg und Bergpfad zum Gipfel.

Der Abstieg vom Hochgrat erfolgt zur Brunnenauscharte. Hier bietet sich der Abstecher oder die große Runde zum Rindalphorn an.

Mit dem Rückweg an der Untere Gelchenwangalpe vorbei zur Scheidwangalpe endet die Tour.

Die große Runde führt über das Rindalphorn mit Abstieg zur Gündlesscharte. Vorbei an der Vordere Rindalpe geht es hinab ins Aubachtal zur Mautstraße.

Der Aufstieg vom Parkplatz Hintere Au-Alpe zur Scheidwangalpe endet nach 270 Höhenmetern. Alternativ bietet sich dieser Parkplatz als Start für den Besuch Hochgrat plus Rindalphorn an. Das spart die Fahrt hoch zur Scheidwangalpe.

Scheidwangalpe - Start zum Hochgrat und Rindalphorn

Nach der Anfahrt über Blaichach oder Sonthofen ab Gunzesried-Säge auf der Mautstraße zur Scheidwangalpe startet die Wanderung zum Hochgrat und Rindalphorn oder alternativ zu einem der beiden Gipfeln.

Die Mautgebühr beträgt ab 2020 acht Euro. Die Parkplätze an der Mautstraße sind kostenfrei.

Die Alpe Scheidwang (im Bild mit Girenkopf) liegt 1.317 Meter hoch an der Wasserscheide Donau-Rhein.

Drei Tour-Varianten: Hochgrat und Rindalphorn ab Alpe Scheidwang

Die Touren 3a und 3c steigen vorbei am Leiterberg empor zum Hochgrat. Dann geht es hinab zur Brunnenauscharte.

Die Tour 3a führt über die Gütle-Alpe zurück zur Alpe Scheidwang.

Die Tour 3b folgt nach der Almstraße zur Gütle-Alpe dem Bergpfad zur Brunnenauscharte.

Ab hier haben die Touren 3b und 3c die selbe Strecke. Es geht hoch zum Rindalphorn. Dem Abstieg über die Gündlesscharte ins Aubachtal folgt der Aufstieg zur Alpe Scheidwang auf der Mautstraße.

Alternativ bietet der Parkplatz Hintere Au-Alpe mit der kürzeren Anfahrt den Start dieser Touren. Es entfallen allerdings die kürzeren Touren 3a und 3b var.

Bild: Parkplatz und Alpe Au.

Tourendaten Hochgrat und Rindalphorn

Tour Variante	Start Alpe Scheidwang Ziel - Strecke	Gehzeit Stunden	Länge Kilometer	Höhendifferenz Meter	Leistungs- bedarf
3a	Hochgrat - Brunnenauscharte	4	8,8	550	28
3b var	Rindalphorn - Rückweg wie Hinweg	4	8,0	525	27
3b	Rindalphorn - Gündlesscharte	5,5	11,5	825	40
3c	Hochgrat - Rindalphorn - Gündlesscharte	6	14,2	1025	47

3a 3c: Runde Scheidwangalpe-Hochgrat-Brunnenauscharte

Nur wenige Minuten nach der Alpe Scheidwang - wandernd auf der links abzweigenden Almstraße - zeigt sich der Hochgrat.

Bei der Runde 3a - am Leiterberg vorbei und über die Obere Gelchenwangalpe - sind es 2,5 Stunden zum Hochgrat.

Rückblicke lohnen immer wieder: Das linke Bild zeigt den Grünten im Osten.

Bei der Aufnahme unten links grüßen vom Süden her der Heidenkopf (1.683 Meter) und der Girenkopf (1.685 Meter).

Die bequem zu wandernde Almstraße ist auf beiden Bildern gut zu erkennen.

Gut ist die Straße zur Obere Gelchenwang-Alpe zu sehen. Hinter der Alpe zeigt sich der gut ausgebaute Panoramaweg zum Hochgrat links und der Aufstiegsweg zum Rindalphorn.

Bild unten: An der Wende der Almstraße am Leiterberg wird der Blick frei zum 1.820 Meter hohen Rindalphorn.

Beim Abzweig in der Senke beendet der Rückweg bei Bedarf (Witterung) über die Untere Gelchenwang-Alpe zum Startpunkt nach einer Stunde die Tour.

Prächtig leuchten blau Schusternägel und Enzian am Wegesrand von der Alpe bis zum Gipfel.

Nach der Alpe steigt aussichtsreich angelegt der Panoramaweg zum Hochgrat.

Das Bild zeigt den Ausblick auf Siplinger-, Heiden- und Girenkopf.

Hundert Höhenmeter weiter - am Rande des Weges - locken Schatten spendende Bäume zur Rast mit schöner Aussicht auf die Bergwelt im Süden.

Bei sonnenreichen Tagen eine Wohltat! Am Abzweig - 300 Meter vor der Hochgrat Bergstation - lockt der Bergsteig zum direkten Gipfelaufstieg.

Alternativ ist ein Abstecher zur Einkehr in der nahen Bergstation der Hochgratbahn mit großer Sonnenterrasse empfehlenswert.

Hier führt der lebhaft besuchte Steig zum Gipfel.

Das Bild zeigt den Blick von der Terrasse des Bergrestaurants zum Staufner Haus.

Auf dem Hochgrat

Gipfelkreuz Hochgrat und Blick nach Westen in Richtung Schweiz.

Blick nach Süden auf die Berge Vorarlbergs.   Blick nach Norden Richtung Oberstaufen.

Blick vom Hochgrat auf den Abstiegspfad und über die Brunnenauscharte zum Rindalphorn.

Blumenpracht am Gipfel und Bergkamm entlang des Weges.

Vom Hochgrat zur Brunnenauscharte

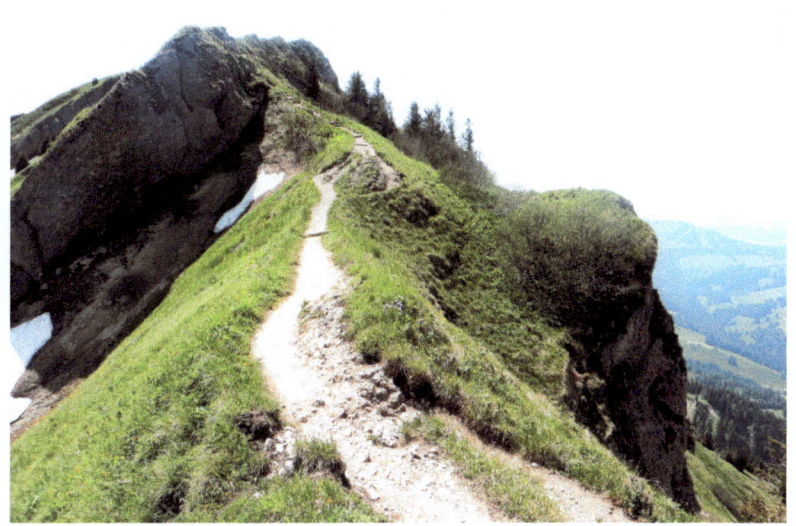

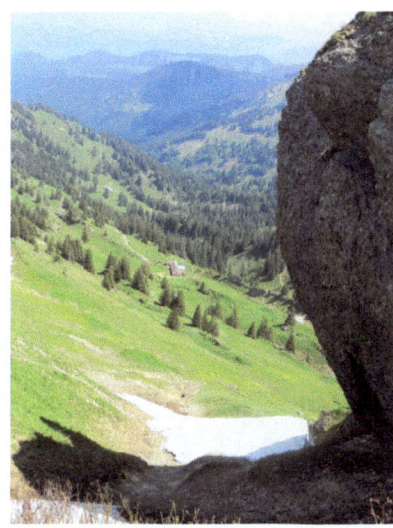

Bild links: Rückblick auf den Steig abwärts vom Hochgrat, Bild rechts Felswand aus Nagelfluh (Konglomerat).

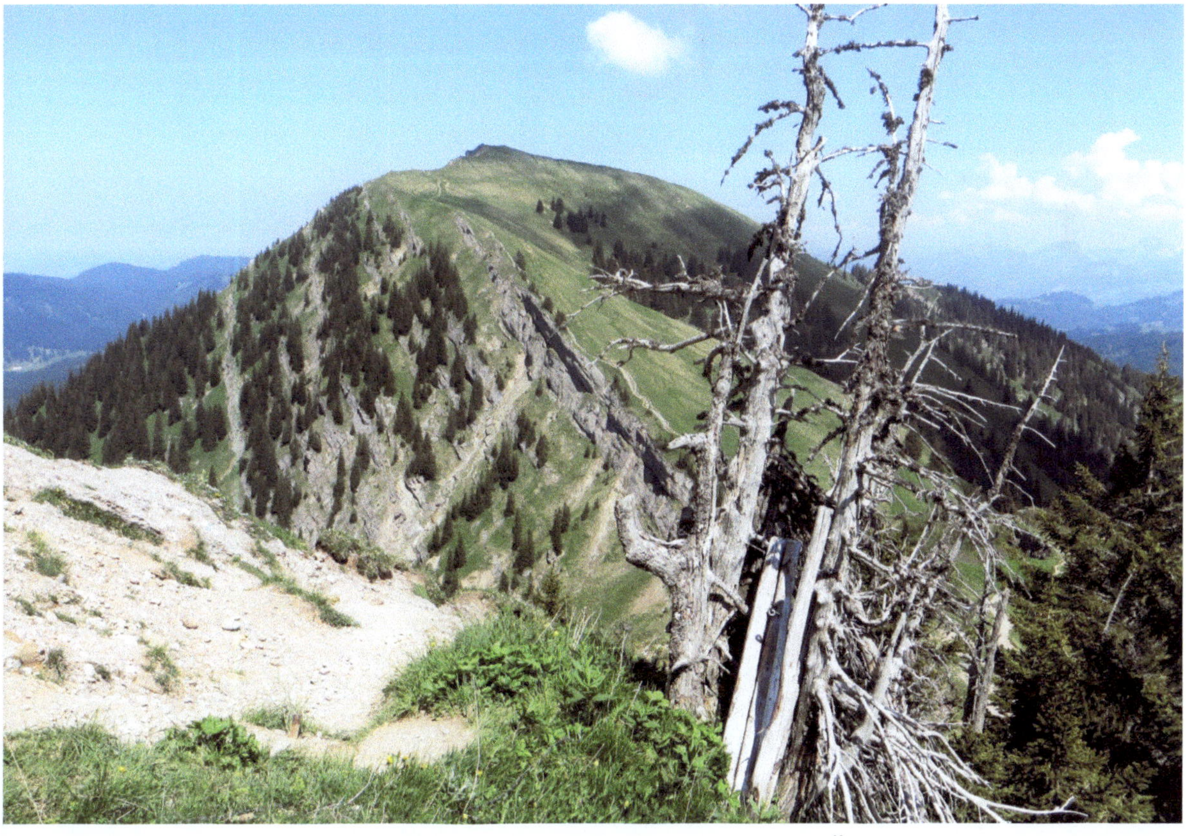

Der Blick über den Steig vom Hochgrat zum Rindalphorn zeigt den Überlebenskampf der Natur auf über 1.700 Meter Höhe. Gut zu sehen ist der Bergweg auf den Almwiesen zum Rindalphorn.

Bild oben links: Nagelfluhgestein Im Vordergrund, Blick auf das Rindalphorn.

Bild oben rechts: Rückblick nahe der Brunnenauscharte auf den Bergpfad vom Hochgrat und zum Hochgrat.

Bild links: Blick nördlich hinab Richtung Oberstaufen über Buschwindröschen.

Rückblick zum Hochgrat an der 1626 Meter hohen Brunnenauscharte.

3a: Zur Alpe Scheidwang

Vor der Alpe Gütle Rückblick zur Brunnenauscharte mit Rindalphorn, Aussicht vom Gaishorn und Daumen bis zum Hochvogel. Weiter geht es Richtung Untere Gelchenwang Alpe.

Vom Weg aus Nagelfluh grüßen Siplinger Nadeln, Siplinger- Heiden- und Girenkopf.

Vorbei am Wasserfall endet bald nach dem Rückblick auf das Rindalphorn die Tour.

3b 3c: Scheidwangalpe - Rindalphorn - Aubachtal

Zur Brunnenauscharte geht es beim ersten Abzweig rechts auf der Almstraße bis zur Gütle-Alpe. Dort beginnt der Pfad zur Scharte. Die Bilder zu diesem Abschnitt zeigt die vorgehende Seite (Tour 3a).

Bild rechts: Ab der Scharte führt der breite Bergweg hoch zum Gelchenwangerkopf.

Bild unten: Rückblick auf Scharte und Hochgrat.

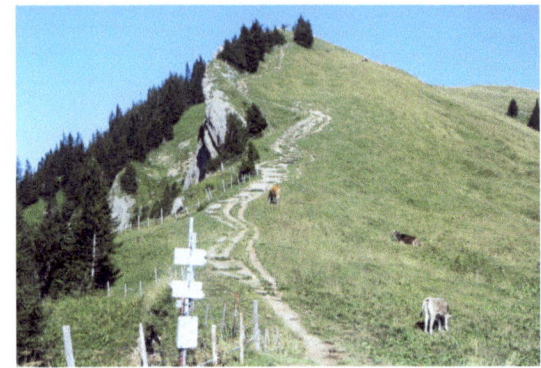

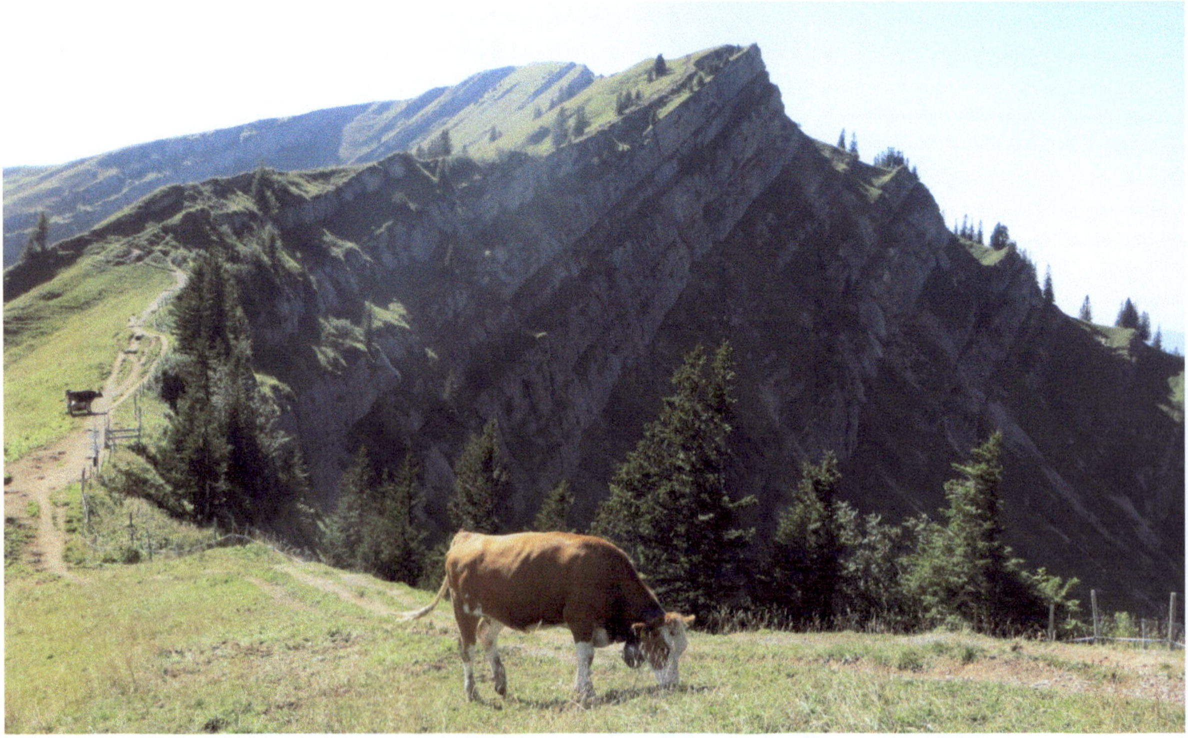

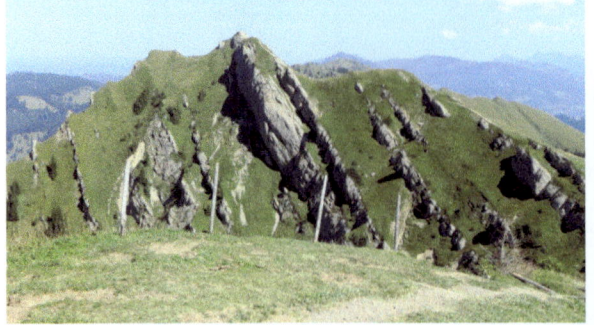

Gelchenwangkopf: Links Blick Rindalphorn und Illertal, rechts Rückblick zum Hochgrat.

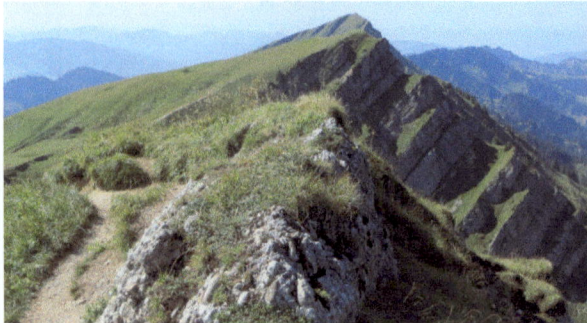

Nahe des Gipfels ist der Weg von der Gündlesscharte ins Tal und die Rindalpe zu sehen.

Deutlich zeigt sich das Gestein des Nagelfluhs beim Blick nach Westen auf den Kammweg und beim Gipfelaufbau im Bild links.

Vom Kreuz aus erfreuen die Ausblicke ins Illertal und zum Buralp- und Gündleskopf.

Links: Blick zum Rindalphorn am Weg zwischen Gündlessattel und Rindalpe.

Unten: Vordere Rindalpe mit Rindalphorn.

Das linke Bild zeigt den, zwischen Rindalphorn und Gündleskopf von der Gündlesscharte führenden, Weg ins Aubachtal. Rechts vor der Hintere Au-Alpe liegt der alternative Parkplatz an der Wegmündung. Ab hier wird nach eine Stunde die Alpe Scheidwang erreicht.

Die Route zwischen Gündlesscharte und Aubachtal beschreibt die Tour 2, Buralpkopf im Aufstieg ausführlicher mit weiteren Bildern ab Seite 15.

Bildbände von primapage

Titel	ISBN und BoD-Nr.	
Oberstdorf Schnippenkopf Entschenkopf Rubihorn Drei Fototouren im Allgäu	Buch: 9783750499041 E-Book: 9783752693669 BoD-Nr. 1494329	DIe Folgeseiten zeigen alle Touren, gelistet nach Leistungsbedarf, aus dem Bildband
Bad Hindelang Bschießer Schrecksee Giebelhaus Drei Fototouren im Allgäu	Buch: 9783751967075 E-Book: 9783751991735 BoD-Nr. 1486767	**Wandern von Oberstdorf und Sonthofen bis Bad Hindelang Bildband 48 Touren im Allgäu**
Wandern von Oberstdorf und Sonthofen bis Bad Hindelang Bildband 48 Touren im Allgäu	**Buch: 9783749498307 E-Book: 9783750464674 BoD-Nr. 1427490**	
Wandern Bad Hindelang Tannheim Sonthofen Bildband 24 Touren im Allgäu	Buch: 9783748157762 E-Book: 9783748162087 BoD-Nr. 1374419	für weitere, empfehlenswerte Wanderungen.
Wandern Oberstdorf und Naturpark Nagelfluhkette Farbbildband 24 Touren im Allgäu	Buch: 9783752823660 E-Book: 9783752825978 BoD-Nr. 1341108	
Wandern Oberstdorf und Naturpark Nagelfluhkette Bildband 24 Touren im Allgäu	Buch: 9783752813586 E-Book: 9783752881929 BoD-Nr. 1325779	
Naturpark Nagelfluhkette Allgäu Wanderungen zum Wohlfühlen Ausflugsziele von Blaichach Immenstadt und Sonthofen	E-Book: 9783746060347 BoD-Nr. 1307920	
Wohlfühlorte im Allgäu Bildband bezaubernde Wanderziele in vier Ferienregionen	Buch: 9783739229140 E-Book: 9783741219344 BoD-Nr. 1191074	

Liste 1 aller Touren nach Leistungsbedarf

Band	Nr	Stunden	km	Höhe m	Leistung	Titel (Alternative) Strecke

Leistung bis 20 - Kurze Touren bis drei Stunden

Band	Nr	Stunden	km	Höhe m	Leistung	Titel (Alternative) Strecke
2	2	1	3	80	7 =	Gunzesried Säge - Ostertal-Tobelweg - Buhls Alpe
1	8	1,5	5	10	8 =	Lorettokapelle - Promenadenweg - Stillach - Renksteg
3	2	1,75	5,5	250	14 =	Hindelang - Nusche - Gailenberg
4	3	2	8,7	150	16 =	Burgberg - Auf dem Ried - Höfle Rundweg - Knappenhock
1	4	2,5	10	30	16 =	Fischen (Oberstdorf) - Illerursprung
3	11b	2	8,4	170	16 =	Hinterstein - Giebelhaus - Bus
4	4	2,25	6,9	240	16 =	Ruine Burgberg - Auf dem Ried - Starzlachklamm - Winkel
4	10	2,5	9	150	16 =	Sonthofen - Ostrachtal - Imberg - Margarethen
2	12	2,25	8,2	280	18 =	Bühl - Großer Alpsee - Siedelalpe - Alpe Schönesreuth
3	3	2,5	6,4	340	18 =	Hinterstein - Schleierfall - Cafe Horn
2	1	2,75	7,1	335	20 =	Alpe Eck - Ofterschwanger Horn

Leistung 21 bis 27 - Kurze Halbtagestouren

Band	Nr	Stunden	km	Höhe m	Leistung	Titel (Alternative) Strecke
1	11	3,0	10	310	22 =	Obermaiselstein - Judenkirche - Tiefenbach
3	8	2,75	8,3	430	22 =	Schattwald - Stuibenalpe
4	9	3,25	7,5	500	24 =	Imberg - Strausberg - Imberger Horn
4	1	3	6	700	26 =	Burgberg - Burgberger Hörnle - Funkenweg - Grüntenhaus
3	11s	3,5	11,6	360	26 =	Bus - Giebelhaus - Schwarzenberghütte - Hinterstein
4	11	3,2	9	530	26 =	Imberg - Sonthofer Hof - Altstädter Hof - Strausberghütte
2	3	3,75	10,6	460	27 =	Gunzesried Säge - Ostertal - Ofterschwanger Horn
3	3h	3,5	9	565	27 =	Hinterstein - Schleierfall - Cafe Horn - Hornalpe
4	7	3	9,8	570	27 =	Imberg - Burgschrofen - Naturpark Strausberg

Leistung 28 bis 33 - Halbtagestouren

Band	Nr	Stunden	km	Höhe m	Leistung	Titel (Alternative) Strecke
2	11	3	10	600	28 =	Gunzesried - Tobelweg - Mittag - Vordere Krumbachalpe
1	10	3,5	8,1	620	28 =	Riedbergstraße - Schönbergalpe - Besler
2	6	4	8,8	550	28 =	Scheidwangalpe - Hochgrat - Brunnenauscharte
2	7a	4	8	570	28 =	Scheidwangalpe - Rindalphorn - Gelchenwanger Kopf
4	5	3,5	14	400	29 =	Berghofen - Berghoferwald Alpe - Kapf - Burgstalltobel
4	6	4	10,5	580	30 =	Breiten - Alpe Klank - Boaleskopf - Tiefenbacher Eck
2	5	4	8	700	30 =	Gunzesried, Aubachtal - Siplinger Nadeln - Siplinger Kopf
4	12	4	10	750	33 =	Altstädten - Hubertusfall - Altstädter Hof - Hinanger Wasserfall
4	1a	4	10	750	33 =	Burgberg - Burgberger Hörnle - Grüntenhaus - Schwandalpe
4	2	4	9	800	33 =	Burgberg - Grünten - Schwandalpe
2	4	4,75	11,4	620	33 =	Ostertal - Rangiswanger Horn - Fahnengehren Alpe

Liste 2 aller Touren nach Leistungsbedarf

Band	Nr	Stunden	km	Höhe m	Leistung	Titel (Alternative) Strecke

ab Leistung 34 - Kürzere Tagestouren

Band	Nr	Stunden	km	Höhe m	Leistung Titel (Alternative) Strecke
4	8	4,25	11,8	750	35 = Naturpark Strausberg - Cafe Horn - Sennalpe Mitterhaus
1	1b	4,5	8,8	850	35 = Schöllang, Oberstdorf - Schnippenkopf - Gaisalpe
1	9	5	16,5	475	36 = Breitachklamm - Hörnlepass - Alpe Dornach
4	2a	4,5	11	800	36 = Burgberg - Grünten - Roßalpe
1	12	4,5	11,5	830	37 = Bolsterlang - Rangiswangerhorn - Weiherkopf
2	7b	5,5	11,5	825	39 = Scheidwangalpe - Rindalphorn - Au-Alpe
2	9	5	12	900	40 = Gunzesried Säge - Stuiben - Sedererstuiben
2	10	5	13,3	850	40 = Gunzesried - Vordere Krumbachalpe - Steineberg

ab Leistung 41 - Mittlere Tagestouren

Band	Nr	Stunden	km	Höhe m	Leistung Titel (Alternative) Strecke
2	8	5,75	11	900	41 = Aubachtal - Gündleskopf - Buralpkopf - Gatter Alpe
3	1	5,25	12,4	950	42 = Bad Hindelang - Hirschberg - Alpe Klank - Spieser
3	11	5,5	20	540	42 = Hinterstein - Giebelhaus - Schwarzenberghütte ohne Bus
1	1a	5,25	11,2	1050	43 = Hinang, Sonthofen - Schnippenkopf - Gaisalpe
3	10t	6	12	1025	45 = Giebelhaus - Engeratsgundsee - Türle - Hinterstein
1	5	6,75	14,5	926	47 = Spielmannsau - Kemptner Hütte - Mädelekopf
3	6	6,25	15,9	1070	50 = Hinterstein - Zipfelsalpe - Iseler - Vaterlandsweg
3	4	7	15,6	1075	51 = Hinterstein - Häbelesgund - Breitenberg
3	7	7,5	15	1200	54 = Hinterstein - Willersalpe - Bschiesser - Zipfelsalpe

ab Leistung 54 - Längere Tagestouren

Band	Nr	Stunden	km	Höhe m	Leistung Titel (Alternative) Strecke
1	7	6,0	22	990	54 = Oytal - Käseralpe - Älpele Sattel - Gerstruben
1	2	7,5	12,3	1311	54 = Reichenbach - Entschenkopf - Gaisalpseen
3	5	7	16,5	1215	55 = Hinterstein - Häbelesgund - Rotspitz - Alpe Mitterhaus
3	9	7,5	17,1	1145	55 = Tannheim - Älpele - Gaishorn - Vilsalpsee
1	3	7,0	15,2	1335	56 = Reichenbach - Rubihorn - Vordere Seealpe
3	10d	9	19	1300	63 = Giebelhaus - Engeratsgundsee - (Daumen) - Hinterstein
3	12	8,75	19,5	1409	65 = Hinterstein - Willersalpe - Jubiläumsweg - Schrecksee
1	6	10,5	20,5	1775	77 = Spielmannsau - Mädelegabel - Alpe Eschbach

Die Liste ist sortiert nach der Leistung (Leistungsbedarf). Das hilft beim Planen der Touren und ergibt sich aus einem Punkt je:

- 1 KILOMETER WANDERSTRECKE,
- 30 MINUTEN GEHZEIT UND
- 50 METER HÖHENDIFFERENZ.